W0358709

STARK IN...

Deutsch

2

Arbeitsheft
Sprache

zur Werkstatt Sprache
Lernstufe 7 und 8

Schroedel

Stark in Deutsch 2

Arbeitsheft Sprache
zur Werkstatt Sprache
Lernstufe 7 und 8

Erarbeitet von Renate Andreas,
Gisela Bertrams, Christiane Pasternak,
Anke Richert, Bettina Schüpper

ISBN 978-3-507-**41860**-8

Druck A 8/Jahr 2007

Alle Drucke der Serie A sind im Unterricht parallel verwendbar. Die letzte Zahl bezeichnet das Jahr dieses Druckes.

Illustrationen: Manfred Bofinger
Lay-out: Christoph Schmidt; Thomas Kern
Umschlaggestaltung: Jürgen Kochinke
Satz: More*Media* GmbH, Dortmund
Druck und Bindung: westermann druck GmbH, Braunschweig

Textquellen:
S. 5: Heinz Erhardt: Fußball. Aus: H. Erhardt: Das große Heinz Erhardt-Buch. Reinbek: Rowohlt. **S. 6:** Hans Manz: Gespräch. Aus: H. Manz: Worte kann man drehen. Sprachbuch für Kinder. Weinheim und Basel: Beltz & Gelberg 1974. S. 71. **S. 7:** Bruno Horst Bull: Ein närrisches Schreiben. Aus Barbara Bartos-Höppner (Hrsg.): Kalendergeschichten unserer Zeit. Würzburg: Arena Verlag, Georg Popp 1977. **S. 9:** Afrikanischer Wildhund + Großer Tümmler: Originalbeitrag. **S. 10:** Aus: Donausagen. Ges. und erz. von Josef Pöttinger. Wien: Verlag Kremayr & Scheriau 1973 (stark verändert und gekürzt). **S. 13:** Manfred Mai: Aller Anfang wird einem schwergemacht. Aus: Hans-Joachim Gelberg (Hrsg.): Das achte Weltwunder. Fünftes Jahrbuch der Kinderliteratur. Weinheim und Basel: Beltz & Gelberg 1979. **S. 15:** Christine Nöstlinger: Irren ist menschlich. Aus: Hans-Joachim Gelberg: Am Montag fängt die Woche an. Jahrbuch für Kinder. Weinheim und Basel: Beltz & Gelberg 1991. **S. 31:** Alfred Könner. Herr Dickbauch und Frau Dünnebein. Aus: Herr Dickbauch und Frau Dünnebein. Berlin: Altberliner Verlag 1983. **S. 31:** Georg Arndt: Der Baum. Aus: Lyrik für Kinder – gestalten und aneignen. Arbeitskreis Grundschule e. V. Frankfurt/M. 1989. **S. 32:** Gina Ruck-Pauquèt: Hausspruch. Aus: Inge Leutich-Ruzicka (Hrsg.): Bunte Kinderschaukel. München: Annette Betz Verlag 1960. **S. 36:** *Seit drei Monaten und …*: Renate Welsh: Maria kommt aus Rumänien. Aus: Renate Welsh: Spinat auf Rädern. München: Deutscher Taschenbuch Verlag 1995. **S. 36:** *Sabah lebt mit ihren Eltern …*: Aus: Barnabas und Anabel Kindersley: Kinder aus aller Welt. Übers. von Anne Braun. Bindlach: Loewes 1995. **S. 36:** In den Sommerferien …: Originalbeitrag.

Bildquellen:
S. 9: Afrikanischer Wildhund: © Dr. Hermann Brehm/Okapia, Frankfurt/M.; Großer Tümmler: © Francois Gohier/Okapia, Frankfurt/M. **S. 10:** Kunstverlag Maximilian Liebl, Regensburg.

Inhaltsverzeichnis

Diese Zeichen findet ihr vor den Aufgaben.
Sie bedeuten:

Arbeite mit einer Partnerin, einem Partner oder in einer Gruppe.

Schreibe etwas auf.

Entnimm der Seite (Text oder Bild) Informationen.

Schreibe in deinem Heft weiter.

Dieses Zeichen steht neben den lateinischen Begriffen, dann könnt ihr hier auf der Seite 4 das deutsche Wort nachschlagen.

Wir verwenden die folgenden lateinischen Begriffe:

das **Nomen (Substantiv):** Namenwort
der **Artikel:** Begleiter
das **Verb:** Tuwort
der **Infinitiv:** Grundform des Verbs
das **Präsens:** Gegenwart
das **Präteritum:** Vergangenheit
das **Futur:** Zukunft
das **Adjektiv:** Wiewort

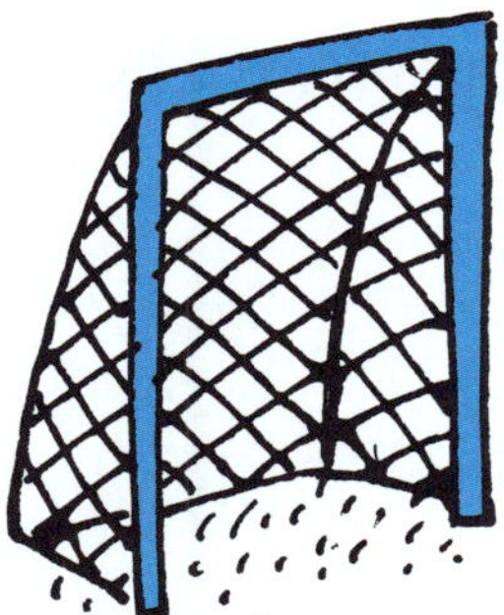

Fußball

Vierundzwanzig Beine rasen
durch die Gegend ohne Ziel, ✓
und weil sie so rasen müssen, ✓
nennt man das ein Rasenspiel.

Rechts und links stehen zwei Gestelle,
je ein Spieler steht davor.
Hält den Ball er, ist ein Held er,
hält er nicht, schreit man: „Du Toooor!“

Fußball spielt man meistens immer
mit der unteren Figur.
Mit dem Kopf, obwohl's erlaubt ist,
spielt man ihn ganz selten nur.

Heinz Erhardt

In der ersten Strophe sind die Wörter unterstrichen, die du besonders betonen kannst. Dieses Zeichen ✓ erinnert dich daran, beim Lesen eine kleine Pause zu machen.

Übe die erste Strophe und lies sie mit Betonung und den richtigen Pausen vor.

Unterstreiche in den beiden anderen Strophen die Wörter, die du besonders betonen möchtest.
Achtung! Es gibt mehrere Möglichkeiten!

Setze Pausenzeichen ✓ ein.

Lest euch das ganze Gedicht gegenseitig vor.

zur Werkstatt Sprache, S. 148, 149

● ● ● Vorlesen – Gedicht

_______________ Na, so was!
_______________ Was so was?
_______________ Na, so was, wie das da.
_______________ Wieso was, wie das da?
_______________ So wie, na, wie so was!
_______________ Ach so, so wie das da, sowie was, wie so was?
_______________ Ja, so wie, na, das da da!
_______________ Wie das da da da?
_______________ Sowieso!
_______________ Ach was!

Hans Manz

In dem Gedicht sprechen zwei Personen miteinander.
Die folgenden Aufgaben erleichtern euch das Lesen und betonte Vorlesen dieses Gedichtes.

Suche dir jemanden aus, mit dem du gemeinsam arbeiten willst.

Unterstreicht die Redebeiträge der beiden Personen in zwei verschiedenen Farben.

Schreibt auf, welche beiden Personen in diesem Gedicht miteinander sprechen (z. B. Mutter, Tochter).

____

Worüber sprechen die beiden Personen miteinander?
Schreibt eine Situation, ein Ereignis oder einen Gegenstand auf.

____

Wie sprechen die beiden miteinander (freundlich, wütend . . .)?

____

Schreibt vor jede Gedichtzeile den jeweiligen Sprecher oder die Sprecherin.

Verteilt die Sprechrollen und übt das betonte Vorlesen.

zur Werkstatt Sprache, S. 148, 149

Ein närrisches Schreiben

Liebe Elgriede,

meiner Schreibmaschine gehlt ein Buchstabe! Leider will mir niemand während der närrischen Zeit die Maschine reparieren. Deshalb muss ich versuchen, ohne diesen Buchstaben auszukommen. Da er aug der Tastatur neben dem Buchstaben G liegt, schreibe ich statt seiner in diesem Brieg ein G. Hoggentlich kannst du alles lesen!

Ich war während der letzten tollen Tage zu einer gabelhagten Geier eingeladen. Im Gestzimmer saßen viele gröhliche Menschen an einer langen Kaggeetagel. Es gab Krapgen und Kuchen zu essen. Wir geierten von nachmittags um günge bis spät in die Nacht. Zum Abendbrot gab es Gorellen in Butter mit Salzkartoggeln und Geldsalat. Zum Nachtisch aßen wir süßes Geigenkompott. Es war ein üppiges Gestmahl zur Gastnacht!

Ein Herr im Grack erzählte uns gröhliche Witze und las lustige Geschichten und Gabeln aus einem alten Buch. Währenddessen glimmerte ein Garbgernseher in der Ecke, und niemand schaute hin. Die Grau des Herrn im Grack berichtete von einem Gußballspiel, während ihr Sohn, der ein rechter Gaulpelz sein soll, gräusliche Gratzen schnitt. Wir lachten so viel und so laut, bis wir gast außer Atem gerieten. Aug dem Heimweg war es dann sehr ginster, und die Schneeglocken wirbelten um die kleine Gichte im Vorgarten. Was gür ein gröhlicher Geiertag.

Es grüßt dich gür heute herzlich

Dein guter Greund Algred aus Grankgurt am Main

Bruno Horst Bull

Lies den Text und unterstreiche die fehlerhaften Wörter.

Schreibe den Text richtig ab.

Virtuelle Realität

Unter virtueller Realität versteht man künstliche Wirklichkeiten, die von Computern erzeugt werden. Virtuelle Welten werden niemals auch zur Ausbildung eingesetzt. So trainieren Boxer Flugzeugpiloten in den von Computern erzeugten Welten. Sie sitzen in voll ausgestatteten Cockpits und rasen auf dem Monitor Fahrrad über täuschend echte Landschaften, stehen aber auf der Sonne Erde. Ein Computer steuert alle Anzeigen, wertet die Aktionen des Bäckers Piloten aus und reagiert darauf so, wie es ein echtes Motorrad Flugzeug täte.
Architekten gehen mit ihren Kunden durch das geplante Haus, bevor es überhaupt abgerissen gebaut ist. Sie können prüfen, wie das Licht in die einzelnen Räume fällt und ob die einzelnen Zimmer Bewohner groß genug sind. Ärzte üben an „virtuellen Körpern" Operationen Gitarre, ohne das Leben eines Menschen zu gefährden.
Virtuelle Welten dienen aber auch der Sauberkeit Unterhaltung. Ein Spieler kann sich in einer künstlichen Welt bewegen, die von einem schlafenden Computer erzeugt wird. Über einen Helm mit Bildschirmen und über einen Datenhandschuh ist der Spieler Lehrer mit dem Computer verbunden. Der kaputte Computer reagiert auf alle Bewegungen des Spielers. Es wirkt auf den Spieler so, als würde er sich in dieser Welt befinden.

Lies den Text genau. Es haben sich 13 Wörter eingeschlichen, die nicht hineinpassen.

Schreibe sie heraus.

zur Werkstatt Sprache, S. 150

Der Afrikanische Wildhund ist ein Raubtier. Der Große Tümmler gehört zur Familie der Delphine. Er lebt in Afrika südlich und östlich der Sahara. Man findet ihn weltweit in den Küstengewässern der Meere in gemäßigten und tropischen Zonen. Das Fell ist häufig unterschiedlich gefärbt mit schwarzer, gelber und weißer Zeichnung. Er kann ein Gewicht von 23 Kilogramm erreichen. Er wird über 4 Meter lang und hat einen kräftigen, stromlinienförmigen Körper, eine hohe Rückenflosse und eine kurze Schnauze. Er hat lange Beine und große Ohren.
Hauptsächlich jagt er kleinere Gazellen, kann aber auch größere Tiere erlegen. Tümmler leben in Gruppen von etwa 15 Tieren. Sie haben ein inniges Verhältnis zueinander. Das Sozialverhalten der Afrikanischen Wildhunde ist sehr ausgeprägt. Sie leben in Rudeln von sechs bis 50 Tieren. Im Rudel sind die Männchen in der Überzahl. Der Große Tümmler geht zur Paarungszeit sehr liebevoll mit dem Partner um. Nach einer Tragzeit von 12 Monaten wird ein Junges meist mit dem Schwanz zuerst geboren. Es kommt mithilfe von anderen Delphinweibchen zur Welt, die es auch sofort an die Wasseroberfläche geleiten, damit es seinen ersten Atemzug machen kann. Meist sorgen nur ein Männchen und ein Weibchen innerhalb des Rudels für Nachkommen. Nach einer Tragzeit von 79 oder 80 Tagen bringt das Weibchen sechs bis sechzehn Junge zur Welt. Beide Elterntiere sind an der Aufzucht der Jungtiere beteiligt. Die Jungen werden ungefähr ein Jahr lang mit einer Milch gesäugt, die sehr fettreich ist. So kann das Junge sehr schnell heranwachsen. Etwa alle zwei Jahre wird ein Junges geboren.
Der Afrikanische Wildhund ist das am stärksten gefährdete Raubtier Afrikas. Die Ursache des Rückgangs ist eine extreme unkontrollierte Jagd.

Hier sind die Beschreibungen von zwei Tieren durcheinander geraten.

Unterstreiche alle Sätze, die den Afrikanischen Wildhund beschreiben.

Schreibe den Text über den Großen Tümmler ab.

zur Werkstatt Sprache, S. 150

Der Hund auf der Brücke

In Regensburg führt eine steinerne Brücke über die Donau. Sie ruht auf achtzehn Bogen und ist achthundert Jahre alt. Sie wurde von einem frommen Bayernherzog erbaut.

Diesem Herzog musste sich der Baumeister verpflichten, die Brücke in elf Jahren zu vollenden. Wenn ihm dies nicht gelänge, sollte er ohne Kleider auf einem Esel durch die Stadt reiten.

Der Meister war damit einverstanden und begann.

Im elften Jahr glaubte er jedoch, dass er die Brücke in der geforderten Zeit nicht vollenden werde.

Als er der Verzweiflung nahe war, gab ihm einer den schlimmen Rat, sich mit dem Teufel zu verbünden. Der war auch gleich zur Stelle und bot dem Meister seine Unterstützung an.

„Und was verlangst du dafür?“, fragte der Baumeister.

„Ich hole mir die Seele des Wesens, das als Erstes die fertige Brücke überschreiten wird“, antwortete der Teufel mit höllischem Grinsen. Dem Meister lief es kalt über den Rücken, denn er wusste wohl, dass es der Herzog selbst sein würde, aber er willigte ein. Von dem Moment an, da der Höllische mit im Spiel war, gedieh der Bau unheimlich schnell und am letzten Tag des elften Jahres stand die Brücke in aller Pracht fix und fertig da. Als schon das Volk sich schaulustig zur Brücke drängte, kam dem Meister plötzlich ein rettender Gedanke. Knapp bevor der Herzog seinen Fuß auf das neue Bauwerk setzte, riss er seinen Hut vom Kopf und warf ihn auf die Brücke. Sofort jagte sein schwarzer Pudel hinterher. Gerade als er den Hut packen wollte, erfüllte auf einmal ein fürchterliches Geheul die Luft und dem Pudel wurde der Kopf abgerissen.

Zur Erinnerung an seinen treuen Hund ließ der Baumeister in einen Brückenpfeiler eine kleine Hundefigur aus Stein hauen.

Wenn man über die alte Regensburger Brücke geht, ist er heute noch zu sehen.

zur Werkstatt Sprache, S. 146, 147

Beantworte diese Fragen zum Inhalt der Sage.

Auf welchen Ort bezieht sich diese Sage?

Welches übernatürliche Wesen kommt in der Sage vor?

Welche Erklärung gibt die Sage für den steinernen Hund an einem der Brückenpfeiler?

Unterstreiche in der Sage Textstellen, die dir helfen, die Sage zu erzählen.

Schreibe diese Stichworte hier auf.

Erzähle jemandem die Sage.

zur Werkstatt Sprache, S. 146, 147

Sprichwörter drücken eine Lebenserfahrung in anschaulicher und bildhafter Sprache aus. Sie enthalten oft Ratschläge oder eine Lehre.

Es wird nichts so heiß gegessen, wie es gekocht wird.
Viele Köche verderben den Brei.
Erst die Arbeit, dann das Vergnügen.
Man muss das Eisen schmieden, solange es heiß ist.
Es ist noch kein Meister vom Himmel gefallen.
Was Hänschen nicht lernt, lernt Hans nimmermehr.
Früh übt sich, wer ein Meister werden will.
In der Kürze liegt die Würze.
Der Mensch denkt, Gott lenkt.
Morgenstund hat Gold im Mund.

Schreibe zu jeder Erklärung das passende Sprichwort.

Es wird schon nicht so schlimm werden → ______________________

____

Eine günstige Gelegenheit sollte man schnell nutzen → ______________________

____

Sich kurz fassen, ist oft besser als lange reden → ______________________

____

Nicht alle Pläne, die ein Mensch sich macht, gelingen → ______________________

____

____

Ein früher Anfang zahlt sich aus → ______________________

____

Feiern kann man nach der Arbeit → ______________________

____

Wenn zu viele an der gleichen Sache arbeiten, geht es oft schief → ______________________

____

Man sollte früh in der Jugend lernen → ______________________

und = ______________________

Niemand kann sofort alles können → ______________________

zu S. 120 und zur Werkstatt Sprache

Aller Anfang wird einem schwer gemacht.
Wer zuerst kommt, hat sich vorgedrängt.
Man soll den Tag nicht vor dem Abendprogramm loben.
Sich regen, bringt Muskelkater.
Frisch gewagt, hat schon manchen den Hals gekostet.
Scherben bringen Arbeit.
Wer nicht hören will, hat Gründe.
Wenn zwei sich streiten, muss es der Dritte büßen.
Je später der Abend, desto teurer die Rechnung.
Wer zuletzt lacht, ist gemein.
Was ich nicht weiß, hat mir niemand gesagt.
Ein blindes Huhn kann auch Eier legen.
Eigner Herd bringt hohe Kosten.

Manfred Mai

Schreibe die Sprichwörter richtig auf, indem du die Anfänge zuordnest.

______________________________, freut sich der Dritte.

______________________________ findet auch mal ein Korn.

______________________________, ist halb gewonnen.

______________________________ bringen Glück.

______________________________, mahlt zuerst.

______________________________, macht mich nicht heiß.

______________________________, lacht am besten.

______________________________, desto schöner die Gäste.

______________________________ ist Goldes wert.

______________________________ nicht vor dem Abend loben.

______________________________, bringt Segen.

______________________________, muss fühlen.

______________________________ ist schwer.

● ● ● Sprichwörter und Redensarten: Redensarten und Redewendungen erklären

Redensarten und Redewendungen sind bildhafte und anschauliche Ausdrücke. Sie enthalten meistens keinen Ratschlag.

Tomaten auf den Augen haben	mit allen Wassern gewaschen sein
wie ein Buch reden	den Nagel auf den Kopf treffen
wie ein Pferd arbeiten	vor jemandem den Hut ziehen
auf keinen grünen Zweig kommen	zwei Fliegen mit einer Klappe schlagen
alle Hände voll zu tun haben	jemandem die Tour vermasseln
auf vollen Touren arbeiten	auf den Ohren sitzen
auf den Putz hauen	fünf gerade sein lassen

Erkläre die Bedeutung einiger Redensarten mit eigenen Worten.

„Er hat Tomaten auf den Augen“ bedeutet, dass jemand etwas nicht sieht, was eigentlich deutlich zu sehen ist.

„Sie redet wie ein Buch“, bedeutet, dass

zu S. 120 und zur Werkstatt Sprache

Unterstreiche im folgenden Text das Sprichwort.

Irren ist menschlich, sagt meine Mutter.
Meine Mutter irrt schon seit langer Zeit und sehr oft.
Darum ist sie besonders menschlich.
Viel menschlicher als ich,
der ich durch meine kurze Lebenszeit
noch nicht so viel Gelegenheit zum Irren hatte.

Christine Nöstlinger

Suche dir ein Sprichwort oder eine Redensart aus und schreibe dazu eine Geschichte.

Wortarten bestimmen

Probe!

1. jung
2. schön
3. gefährlich
4. klug
5. spannend
6. ____
7. ____
8. ____
9. ____

1. das Haus
2. der Computer
3. die Liebe
4. der Streit
5. der Kühlschrank
6. ____
7. ____
8. ____
9. ____

1. essen
2. abholen
3. finden
4. tanzen
5. lernen
6. ____
7. ____
8. ____
9. ____

Wie heißen diese Wortarten?
Schreibe den Begriff in das richtige Kästchen.

HEULEN GEFÄNGNIS KRÄFTIG ZELTEN LAUT
FÜHRERSCHEIN ANSTRENGEND LEIHEN MUT

Ordne diese Wörter in die Listen ein.
Achte auf die Groß- und Kleinschreibung.

Trage noch weitere Wörter in die Listen ein.

Probe!

Am Abend sitzen die drei Jugendlichen vor ihrem Zelt. Vor ihnen flackert ein kleines Feuer. Sie sagen nichts, starren mit großen, ängstlichen Augen in die Flammen. Sie denken an den Abstieg. Die steilen Klippen machen ihnen Angst. Vor drei Wochen stürzte ein Junge und verletzte sich schwer. Hoffentlich klappt diesmal alles. Um 22 Uhr kriechen die drei in ihre Schlafsäcke. Sie brauchen ihren Schlaf für die anstrengende Tour.

Unterstreiche die Wortarten.
Nomen: blau; Verben: rot; Adjektive: grün.

In dem Text sind 15 Nomen.
Schreibe sie in der Einzahl und Mehrzahl auf.

der Abend – die A ____________ ____________

Suche die 11 Verben heraus.
Schreibe sie in der 1. Person auf.

ich sitze	ich	ich
ich	ich	ich

Steigere drei der Adjektive.

klein, kleiner, . . .

Wortzusammensetzungen bilden: Nomen und Nomen

Wortzusammensetzungen können aus zwei oder mehreren Nomen bestehen. Das 1. Nomen ist das **Bestimmungswort**, das 2. Nomen ist das **Grundwort**. Das Bestimmungswort beschreibt oder erklärt das Grundwort. Der Artikel richtet sich nach dem Grundwort.

das Auto + der Sitz = der Autositz

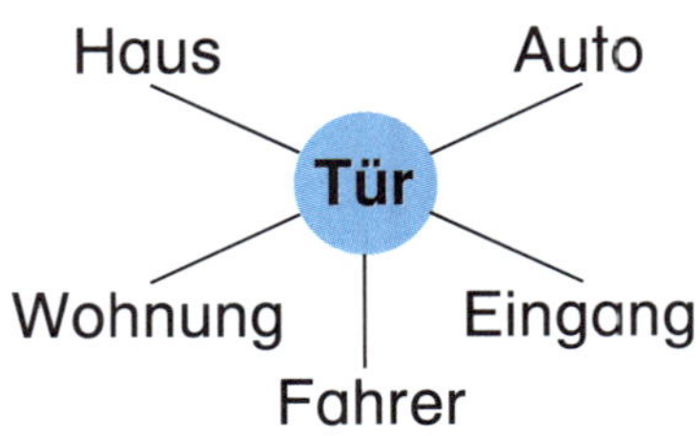

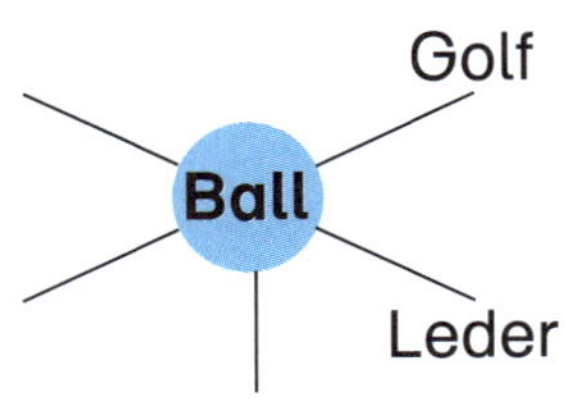

Schreibe die zusammengesetzten Nomen auf.

Überlege dir noch mehr Möglichkeiten.

Vervollständige die Liste und suche weitere Wortzusammensetzungen.

die **Ehrung** für den **Sieger**: die Siegerehrung

das Praktikum in einem Betrieb: ______

der Chef der Küche: ______

das Labor für Fotos: ______

die Tasche für die Schule: ______

der Bus für die Schule: ______

der Tisch ______ : ______

das Haus ______ : ______

______ : ______

______ : ______

______ : ______

______ : ______

______ : ______

zur Werkstatt Sprache, S. 154

Wortzusammensetzungen können aus einem Verb und einem Nomen bestehen. Das Verb ist dann das **Bestimmungswort**, das Nomen ist das **Grundwort**.

Löffel, Tisch, **essen**, Zimmer, Besteck, Geschirr

Esstisch

____

____

____

____

Schreibe die Sätze kürzer.
Benutze Wortzusammensetzungen.

Julia hat ein Rad, mit dem sie fahren kann.

Sie hat ein ______________________.

Sie fährt damit in ein Bad, wo sie schwimmen kann.

Sie fährt damit ______________________.

Sie sieht ihre Freundin dort in einem Becken, in dem man schwimmen kann.

Sie sieht ______________________.

Später erholen sich beide auf der Wiese, auf der man liegen kann.

Später erholen ______________________.

Julia bringt Anna zu einer Stelle, wo der Bus halten soll.

Julia bringt Anna ______________________.

Erkläre die Wörter.

Kochtopf: ein Topf, in dem man kochen kann.

Trinkglas: ______________________

Lesebuch: ______________________

Laufband: ______________________

Kaufhaus: ______________________

Suchbild: ______________________

Waschmaschine: ______________________

zur Werkstatt Sprache, S. 155

Wortzusammensetzungen können aus einem Adjektiv und einem Nomen bestehen. Das Adjektiv ist dann das **Bestimmungswort**, das Nomen ist das **Grundwort**.

Setze zusammen.

klein

- Geld — das Kleingeld
- Wagen — ______________________
- Kind — ______________________
- Familie — ______________________
- Bus — ______________________
- Tier — ______________________

mager

- Milch — ______________________
- Sucht — ______________________
- Quark — ______________________
- Joghurt — ______________________

Suche Wortzusammensetzungen mit den Silben:

~~BRAUCHT~~ – BUS – ~~GE~~ – ~~GEN~~ – GER – GROß – KLEIN – MA –
MILCH – MOND – SER – STADT – VOLL – ~~WA~~ – WAS – WILD

Fahrzeug, das schon benutzt wurde: Gebrauchtwagen

runder Himmelskörper: ______________________

Wohnort mit vielen Menschen: ______________________

weißes fettarmes Getränk: ______________________

gefährlicher Fluss: ______________________

Personentransporter mit wenig Plätzen: ______________________

zur Werkstatt Sprache, S. 156

Nomen mit den Endungen -schaft, -ling, -nis, -tum bilden

Bilde aus den folgenden Wörtern mit den Wortbausteinen -schaft, -ling, -nis, tum neue Nomen.

versäumen: V e r s ä u m n i s

säugen: _ _ _ _ _ _ _ _

Land: _ _ _ _ _ _ _ _ _ _

heilig: _ _ _ _ _ _ _ _ _

finster: _ _ _ _ _ _ _ _ _ _

lieb: _ _ _ _ _ _ _ _

Freund: _ _ _ _ _ _ _ _ _ _ _ _

wild: _ _ _ _ _ _ _

reich: _ _ _ _ _ _ _ _

geheim: _ _ _ _ _ _ _ _ _

früh: _ _ _ _ _ _ _ _

eigen: _ _ _ _ _ _ _ _

hindern: _ _ _ _ _ _ _ _ _

Herr: _ _ _ _ _ _ _ _

ereignen: _ _ _ _ _ _ _ _

Vater: _ _ _ _ _ _ _ _ _ _ _

erlauben: _ _ _ _ _ _ _ _ _

erleben: _ _ _ _ _ _ _ _

verhängen: _ _ _ _ _ _ _ _ _ _

Im folgenden Text findest du Nomen mit falschen Endungen.

Unterstreiche diese Nomen.

Mein Liebnis!

Voller Leidentum schreibe ich dir dieses Bekenntling:
Unsere Liebe und Freundnis ist ein wunderbares Erlebschaft für mich!
All meinen Reichnis möchte ich mit dir teilen.
Ich weiß, dass uns unsere Liebe nie zum Verhängtum werden wird!
Kein Hinderling wird uns trennen können!
Nimm zur Kenntling, dass meine Liebe zu dir nie enden wird.

Dein Mausezahn

Nominalisierungen untersuchen

Verben und Adjektive werden zu Nomen, wenn man bestimmte Wörter davorsetzt:

Artikel:	**Mengenangaben**	**Wörter wie:**
der, die das ein, eine	viel, alles, nichts, wenig, manches, etwas …	im (in dem), beim (bei dem), vom (von dem), ins (in das)

Bilde zu jedem Wort 2 Nominalisierungen.

stehlen: das Stehlen, beim Stehlen

wandern: ______________________

üben: ______________________

streiten: ______________________

fressen: ______________________

interessant: ______________________

süß: ______________________

witzig: ______________________

böse: ______________________

ruhig: ______________________

Setze das Wort *weinen* als Verb oder als Nomen ein.
Die Erkennungswörter aus dem Merkkasten helfen dir.

Die Kinder sitzen vor dem Fernseher und ______________. Der Film ist wirklich zum ______________. Sie schluchzen beim ______________ so laut, dass der Vater hereinkommt. Er fragt: „Warum müsst ihr denn ______________?“

Hardy hat schon ganz dicke Augen vom ______________.

Er antwortet: „Wir ______________, weil der Film so traurig ist!“

zur Werkstatt Sprache, S. 158, 159

Setze das Wort *bequem* als Adjektiv oder als Nomen ein.
Die Erkennungswörter aus dem Merkkasten helfen dir.

Die Trainerin hat gesagt: „Zieht euch etwas ________________ an!“

Nun sucht Stefanie in ihrem Schrank das ________________, was sie hat.

Als sie zum Training erscheint, sagt die Trainerin: „Setzt euch auf die Matten.

Dort ist es ________________ !“

Setze das Wort *unglaublich* als Adjektiv oder als Nomen ein.
Die Erkennungswörter aus dem Merkkasten helfen dir.

Gestern ist etwas ________________ passiert!

Ich kann es gar nicht erzählen, denn es ist wirklich ________________ .

Es ist das ________________ , was ich jemals erlebt habe.

Setze die Wörter aus den Klammern in die Lücken ein.
Achte auf die richtige Schreibung.

Alle Mädchen ________________ (SCHWÄRMEN) für Rolf.
Er ist der ________________ (SCHÖNSTE) der ganzen Schule. Gestern ist Jana etwas ________________ (PEINLICHES) passiert! Sie konnte neben Rolf ________________ (STEHEN), er war zum ________________ (GREIFEN) nahe.
Jana fand es richtig ________________ (AUFREGEND). Sie wollte etwas ________________ (LUSTIGES) ________________ (MACHEN).
Da kam Bodo vorbei, der ________________ (DICKE). Ihn ________________ (ÄRGERN) viele Schüler. Bodo trug ein Tablett mit Getränken. Jana kniff ihn in die Seite. Vor Schreck ließ Bodo das Tablett ________________ (FALLEN).
Jana musste ________________ (LACHEN), doch das ________________ (LACHEN) blieb ihr im Hals ________________ (STECKEN). Denn was machte Rolf? Er lachte nicht, sondern er sagte ________________ (WÜTEND): „Das war das ________________ (GEMEINSTE), was ich seit Langem erlebt habe!“

zur Werkstatt Sprache, S. 158, 159

● ● ● Fälle erkennen und bestimmen

Nomen können in vier **Fällen** stehen.
Die Fälle heißen:

Nominativ	–	Wer/Was-Fall
Genitiv	–	Wessen-Fall
Dativ	–	Wem-Fall
Akkusativ	–	Wen/Was-Fall

Mit den entsprechenden Fragen kannst du erkennen, in welchem Fall ein Nomen steht.
Der Artikel eines Nomens ändert sich mit dem Fall.

Schreibe die Antworten auf und nenne die Fälle.

Wem zeigt man in der Bahn die Fahrkarte?

Antwort: dem Schaffner Fall: Dativ

Was braucht immer eine Software?

Antwort: Fall: Dativ

Was bekommt man am Ende eines Schuljahres?

Antwort: Fall: Genitiv

Wessen Rüstung ist aus Eisen?

Antwort: Fall: Dativ

Wer soll beim Fußball den Ball halten?

Antwort: Fall: Akkusativ

Wen ruft man bei einem Einbruch?

Antwort: Fall: Nominativ

Wem hilft der Blindenhund?

Antwort: Fall: Nominativ

Übertrage die Tabelle in dein Heft und vervollständige sie.

Nominativ	**Genitiv**	**Dativ**	**Akkusativ**
der Schaffner	des Schaffners	dem Schaffner	den Schaffner

zur Werkstatt Sprache, S. 160

Unter einem **Oberbegriff** kann man die verschiedenen Wörter eines **Wortfeldes** zusammenfassen. Zum Beispiel:
Oberbegriff *gehen: laufen, hüpfen, tippeln …*
Oberbegriff *Kleidung: Jacke, Hose, T-Shirt, …*

rennen	säubern	gehen	schleichen	tanzen
putzen	kriechen	kehren	springen	wischen
zappeln	waschen	stampfen	spülen	fegen

Diese Verben gehören zu 2 Wortfeldern.
Ordne sie richtig zu.

bewegen

rennen
gehen
schleichen
tanzen
stampfen
springen
kriechen
zappeln

reinigen

säubern
wischen
fegen
spülen
kehren
putzen
waschen

freundlich	mollig	hilfsbereit
kräftig	feist	rund
höflich	lieb	fett

Diese Adjektive gehören zu 2 Wortfeldern.
Ordne sie richtig zu.

dick

fett
rund
kräftig
mollig

nett

lieb
freundlich
höflich
hilfsbereit

● ● ● Oberbegriffen zuordnen: Umfrageergebnisse

„Stell dir vor, wie du in 10 Jahren lebst. Was ist dir am wichtigsten?"

Das fragten wir Jugendliche über 14 Jahre an einer Schule.
Die häufigsten Nennungen wurden unter folgenden Begriffen zusammengefasst:

A. Geld
B. Beruf
C. glückliche Familie
D. Gesundheit
E. Frieden
F. eigenes Haus
G. Reisen
H. saubere Umwelt

Hier folgen einige der Antworten.
Ordne sie den verschiedenen Begriffen des Ergebnisses zu.
Schreibe dazu den jeweiligen Großbuchstaben hinter die Antworten.

„Ein Haus direkt am Fluss mit einem großen Garten." (F)
„Ich will genauso fit sein wie heute." (D)
„Die Welt sehen, aber ganz!" (H)
„Einen netten Mann und 2 Kinder." (C)
„5000 Euro im Monat." (A)
„Die Frau für's Leben will ich dann gefunden haben." (______)
„6 Richtige im Lotto." (______)
„Eine gute Stelle in einem netten Betrieb." (______)
„Ich will gesund sein." (______)
„Ich will in Frieden leben und will das auch für alle Menschen." (______)
„Geld, denn: Ohne Moos nichts los!" (______)
„Eine Familie, in der sich alle gut verstehen." (______)
„Eine feste Stelle, auf keinen Fall will ich arbeitslos sein." (______)

Schreibe auf, was dir am wichtigsten ist.
Ordne deine Antworten den Begriffen zu.

zur Werkstatt Sprache, S. 161

Am Ende des Schuljahres stellen die Schülerinnen und Schüler des Hauswirtschaftsunterrichts ihre Rezepte zu einem Kochbuch zusammen:

Toast Hawaii   Schokopudding   Erdbeershake   Tomatensuppe   Wiener Schnitzel
Kartoffelknödel mit Pilzsauce   Pizza Margarita   Bananenmilch   Frühlingssuppe
Obstsalat   Döner Kebab   Hühnerragout mit Reis   Spaghetti Bolognese
Kraftbrühe   Ananasquark   Kabeljaufilet mit Petersilienkartoffeln   Gemüseauflauf
herzhafte Pfannekuchen   Lasagne   Vanilleeis mit heißen Kirschen   Eiskaffee

Ordne die Speisen und Getränke für das Inhaltsverzeichnis des Kochbuches passenden Oberbegriffen zu.

Suppen: ____________________

zur Werkstatt Sprache, S. 161

Zeitstufen: Präteritum bilden

Einige Verben verändern ihren **Wortstamm** im **Präteritum nicht**.
Das Präteritum leitet man aus dem Wortstamm ab.

(leg)–en (leg)–te

Schreibe 2 der Verben in allen Personalformen des Präteritums auf.

blicken	zählen	fehlen	diskutieren	spielen	versuchen

ich ______________	ich ______________
du ______________	du ______________
er ______________	er ______________
sie ______________	sie ______________
es ______________	es ______________
wir ______________	wir ______________
ihr ______________	ihr ______________
sie ______________	sie ______________

Bilde mit jedem der Verben oben mindestens einen Satz.
Verwende verschiedene Personalformen.

Setze die folgenden Verben in die Textlücken ein.
Verwende das Präteritum. Achte auf die richtige Personalform.

rasen	sagen	bellen	öffnen
zeigen	schauen	winseln	legen

Simone und Chiara ______________ gerade einen Film im Fernsehen an,

als Benno plötzlich leise ______________ .

Dann ______________ er zur Tür und ______________ lauter.

Doch plötzlich ______________ er sich wieder bequem hin.

Nun ______________ Simone doch vorsichtig die Tür.

„Es war nur der Briefträger!“, ______________ sie lachend

und ______________ ihrer Freundin erleichtert einen Brief.

zur Werkstatt Sprache, S. 164

Viele Verben verändern ihren **Wortstamm** im **Präteritum**.
man kann sie nicht ableiten.
laufen – er lief
In den meisten Wörterbüchern steht das Verb im Infinitiv.
Daneben findest du ein Beispiel für das Präteritum.

bleiben [redacted] kommen [redacted] rennen [redacted] stehen

Schreibe 4 der Verben in allen Personalformen des Präteritums auf.

ich stand	ich
du	du
er/sie/es	er/sie/es
wir	wir
ihr	ihr
sie	sie

ich	ich
du	du
er/sie/es	er/sie/es
wir	wir
ihr	ihr
sie	sie

~~Bilde mit jedem Verb von oben mindestens einen Satz im Präteritum.~~
~~Benutze verschiedene Personalformen.~~

zur Werkstatt Sprache, S. 165

Wenn etwas aufgeschrieben oder erzählt wird, was in der Vergangenheit geschah, setzt man die Verben ins **Präteritum**. Märchen, Sagen, Fabeln, Erzählungen und Romane stehen in der Vergangenheitsform.

Gullivers Reise nach Liliput

Das Schiff fuhr nach Ostindien, und in den ersten Monaten ging alles gut. Ich hatte nicht viel zu tun … Auch Wind und Wetter boten nichts Außergewöhnliches. Aber Ende Oktober gerieten wir in einen fürchterlichen Sturm, der kein Ende nehmen wollte. Drei Matrosen wurden über Bord gespült, zwei von einem Mast erschlagen, sieben starben an Überanstrengung, die Messinstrumente fielen aus, der Kapitän wusste nicht mehr, wo wir waren, und am 5. November lief das Schiff bei Nacht und Nebel auf ein Riff und versank. Ich weiß nur noch, dass ich mit fünf Matrosen in einem Rettungsboot saß und dass wir aus Leibeskräften ruderten, um von dem Felsen fortzukommen. Nach ungefähr einer Stunde kenterte das Boot. Es war noch immer tiefe Nacht, und ich hielt mich mühsam über Wasser, ohne Hoffnung und dennoch entschlossen, meine letzte Minute bis zur letzten Sekunde zu verteidigen.
Da, mit einem Mal fühlte ich Grund unter den Füßen!

Unterstreiche in diesem Text alle Verben, die im Präteritum stehen.

Viele dieser Verben verändern ihren Wortstamm im Präteritum.
Schreibe die Verben und den Infinitiv auf.

fuhr – fahren, ging – ______________________________

____

____

____

____

Schreibe einen Schluss zur Geschichte von Gulliver.
Verwende das Präteritum.

zur Werkstatt Sprache, S. 163, 164

Herr Dickbauch und Frau Dünnebein

Es war einmal ein dicker Mann,
der aß nur süßes Marzipan.

Doch seine Frau aß Saures nur
und war so dünn wie eine Schnur.

Er blies am frühen Morgen schon
mit vollen Backen Saxophon.

Sie zupfte Harfe stundenlang,
wozu sie zarte Lieder sang.

Er fühlte sich am See gesund
und tauchte kühn bis auf den Grund.

Sie konnte keine Wellen sehn
und kletterte auf Bergeshöhn.

Er fuhr im Auto nur herum,
die Augen stier, die Lippen stumm.

Sie schwang sich lieber auf ein Rad
und kannte jeden Wiesenpfad.

Er schenkte ihr mit viel Genuss
stets einen langen Morgenkuss.

Das aber machte ihr Verdruss,
sie liebte nur den Abendkuss.

Und doch vertrugen sie sich gut
und kamen unter einen Hut.

Alfred Könner

Der Baum

Da war ein Baum,
der liebte die Sonne,
er wuchs ihr entgegen,
man schnitt ihm die Krone.

Da war ein Baum,
der liebte den Wind –
man schnitt ihm die Zweige,
weil Bäume schmal sind.

Da war ein Baum,
der liebte den Fluss –
man schnitt ihm die Äste,
weil ein Baum gerade sein muss.

Da war ein Baum,
der langsam verstand,
dass er nur schön war,
wenn man das so fand.

Dann wuchs der Baum,
schön, wie man meinte,
doch niemand merkte,
dass er heimlich weinte.

Georg Arndt

Unterstreiche in beiden Gedichten die Verben im Präteritum.

Schreibe das Gedicht „Der Baum" im Präsens ab, indem du alle Verben ins Präsens setzt.

zur Werkstatt Sprache, S. 163, 164, 165

Hausspruch

In meinem Haus,
da wohne ich,
da schlafe ich,
da esse ich.

Und wenn du willst,
dann öffne ich
die Tür
und lass dich ein.

In meinem Haus,
da lache ich,
da weine ich,
da träume ich.

Und wenn ich will,
dann schließe ich
die Tür
und bin allein.

Gina Ruck-Pauquèt

Dieses Kindergedicht ist im Präsens geschrieben.
Unterstreiche alle Verben im Präsens.

Schreibe das Gedicht ab.
Setze alle Verben ins Präteritum. Achte auf die Personalform.

Verändere das Gedicht, indem du die Fürwörter änderst.
Zum Beispiel: Aus *ich* wird *wir*, aus *meinem* wird *unserem*.
Schreibe jetzt das Gedicht im Präteritum auf.
Achte auf die Personalformen.

zur Werkstatt Sprache, S. 163, 164, 165

Das **Futur** wird verwendet um Geschehnisse aufzuschreiben oder zu erzählen, die noch geschehen werden.
Das Futur bildet man mit einer Personalform von **werden** und dem **Infinitiv** eines Verbs, z. B. : Sie **wird sich** für ihr Verhalten **entschuldigen**.

ich werde	backen		kündigen
du wirst		spielen	
er wird	schreiben		umtauschen
sie wird		gehen	
es wird	arbeiten		verreisen
wir werden		heiraten	
ihr werdet	schlafen		telefonieren
sie werden			

Suche dir 2 Verben aus und schreibe sie in jeder Personalform im Futur auf.

ich werde ____________ ich ____________

du ____________

Schreibe zu allen Verben einen Futursatz.
Verwende verschiedene Personalformen.

zur Werkstatt Sprache, S. 166

Zeitstufen: Futur erkennen und anwenden

Kathrin, Paul und Kevin freuen sich auf die Ferien.
Sie erzählen sich ihre Urlaubspläne.

Kathrin: „ Meinen Urlaub werde ich in den Bergen verbringen. Ich werde mit einer Jugendgruppe dorthin fahren. Wir werden klettern und auf Berghütten übernachten. Vorher wird die ganze Gruppe in einer Kletterhalle üben. Es wird bestimmt viel Spaß machen.“

Paul: „Ich werde mit meiner Familie nach Portugal zu den Großeltern fahren. Wir werden zwar nicht am Strand wohnen, aber mein Freund und ich werden fast jeden Tag ans Meer fahren. Genauso freue ich mich aber darauf, dass sich die ganze Familie treffen wird. Ihr werdet sehen: Ich werde total braun zurückkommen.“

Kevin: „Wir werden dieses Jahr zu Hause bleiben. Aber wir werden an den Wochenenden öfter etwas unternehmen. Mein Vater hat fest versprochen: „Ich werde mit euch zum Euro-Disney-Land fahren.“ Und ansonsten bin ich eigentlich ganz froh, dass wir hier bleiben werden. Denn so werde ich mich fast jeden Tag mit Vanessa treffen können.“

Unterstreiche die Verben, die im Futur stehen.

Schreibe deine Ferienpläne auf.
Schreibe im Futur.

zur Werkstatt Sprache, S. 166

Die Welt in 1000 Jahren

Wir wissen nicht, wie die Welt in 1000 Jahren aussehen wird.
Einige Jugendliche haben ihre Gedanken dazu aufgeschrieben:

„In 1000 Jahren werden die Menschen auf dem Mars wohnen. In den Ferien werden sie ihre Freunde in anderen Sonnensystemen besuchen.“

„In 1000 Jahren wird die Erde verwüstet sein. Es wird kaum noch Wasser geben. Die Bäume werden abgestorben sein. Es werden nur noch ein paar Menschen leben.“

„In 1000 Jahren werde ich noch einmal auf die Welt kommen. Warum? Dann wird alles viel besser sein. Urlaub und Feten für alle. Niemand wird mehr arm sein.“

„In 1000 Jahren wird es auf der Erde keinen Krieg mehr geben. Alle Menschen werden sich gut verstehen. Schade, du wirst nicht mehr dabei sein . . . und ich leider auch nicht.“

Unterstreiche die Verben, die im Futur stehen.

Wie stellst du dir die Welt in 1000 Jahren vor?
Schreibe im Futur.

zur Werkstatt Sprache, S. 166

● ● ● Zeitstufen-Mix

Seit drei Monaten und fünf Tagen lebte Maria in der großen Stadt, seit zwei Wochen in der Wohnung im ersten Stock eines alten Hauses.
Sabah lebt mit ihren Eltern in der Wüste.
In den Sommerferien werden wir umziehen.
Mein Vater wird seine neue Arbeit anfangen.
Im Sommer ist es sehr heiß.
Wenn sie durch die Straßen ging, suchte sie den Himmel über den Häusern.
Da wohnt die Familie in einem großen Zelt.
Manchmal musste sie dabei den Kopf weit zurücklegen.
Mein kleiner Bruder wird in den Kindergarten kommen.
Der Boden ist mit Teppichen und vielen Kissen bedeckt.
Der Boden unter ihren Füßen war anders als zu Hause.
Damit das Zelt kühl bleibt, werden die Seiten hochgeklappt.
Meine Schwester und ich werden auf neue Schulen gehen.
So kann der Wind durchwehen.
Die Leute redeten anders.
Dann wird sie sich auch um eine neue Arbeitsstelle als Raumpflegerin bemühen.
Im Winter zieht die Familie in ein Haus aus Stein.
Es roch anders.
Vielleicht werde ich in den Herbstferien meine alten Freundinnen besuchen.
Ich werde sie auf jeden Fall sehr vermissen.
Alles war ihr fremd.

Hier sind 3 Texte durcheinander geraten.
Text 1 erzählt von **Maria,** die aus Rumänien nach Deutschland gezogen ist.
Der Text ist im **Präteritum** geschrieben. = blau

Text 2 erzählt von **Sabah**, die mit ihren Eltern in der Wüste lebt.
Der Text ist im **Präsens** geschrieben. = rot

Text 3 erzählt von einem Mädchen, das bald umziehen wird.
Der Text ist im **Futur** geschrieben. = grün

Unterstreiche alle Sätze **eines** Textes in derselben Farbe.
Du kannst an den Verben erkennen, zu welchem Text die Sätze gehören.

~~Suche dir einen der Texte aus und schreibe ihn ab.~~

zur Werkstatt Sprache, S. 162 – 166

Verbinde beide Sätze mit **weil** oder **da** zu einem Satz.

Ein Begründungssatz mit **weil** oder **da** kann am Anfang oder am Ende des Satzes stehen. Er wird immer durch Komma vom anderen Teilsatz abgetrennt.

Sascha arbeitet im Mathematik-Unterricht nicht mit. Ihm sind die Aufgaben zu schwer.

Sascha arbeitet im Mathematik-Unterricht nicht mit, weil ihm die Aufgaben zu schwer sind.

Kathrin kommt zu spät zur Schule. Sie hat den Bus verpasst.

Viktors Eltern sind heute Abend eingeladen. Er muss auf seine kleinen Geschwister aufpassen.

Christian braucht Geld. Er will sich einen City-Roller kaufen.

Sein Taschengeld reicht nicht. Er trägt Zeitungen und Prospekte aus.

Dirk hat sich in Jessica verliebt. Sie hat schöne braune Augen.

Jessica interessiert sich nicht für Dirk. Sie ist mit Benjamin befreundet.

Andreas hat gestern lange ferngesehen. Er ist heute müde.

Martin hat sich verletzt. Er ist beim Basketball mit einem anderen Spieler zusammengestoßen.

zur Werkstatt Sprache, S. 167

● ● ● Satzglieder erkennen: Subjekt

Satzglieder sind die Teile des Satzes, die man gemeinsam umstellen kann.
Ein vollständiger Satz besteht aus mindestens 2 Satzgliedern.

Subjekt	**Prädikat**
Irina	lacht.
Der Hund	bellt.
Das Meer	braust.
Ich	koche.
Subjekt = Satzgegenstand	Prädikat = Satzaussage

Über das **Subjekt** wird im Satz ausgesagt, wer was macht:
Am Morgen gehen die Kinder zur Schule.
Wer geht am Morgen zur Schule? **die Kinder**

Die Musik war sehr laut.
Was war sehr laut? **die Musik**

Benenne das Subjekt in jedem Satz.
Stelle die Wer-? oder was-? Frage.

Die Klassenfahrt

Am Morgen warten die Schüler vor der Schule.

____

Der Bus kommt pünktlich um 8 Uhr.

____

Zuerst öffnet der Busfahrer die Ladeluken.

____

Nun können die Schüler ihre Taschen, Rucksäcke oder Koffer verstauen.

____

Dann geht die Fahrt los.

____

zur Werkstatt Sprache, S.168

Das **Prädikat** (Satzaussage) sagt etwas über das Subjekt aus.
Karl kocht. Er rührt. Er probiert. Er würzt.
Was macht Karl? Er **kocht, rührt, probiert, würzt**.

Monika rechnet in der Schule. **Was macht** Monika in der Schule? Sie **rechnet**.
Olaf singt im Chor. **Was macht** Olaf im Chor? Er **singt**.

Wie heißt das Prädikat? Stelle die **Was macht?-Frage**.

Herr Bauer bügelt die Wäsche. Was macht ______________________

____

Ulrich spielt Klavier. ______________________________

____

Rita malt ein Bild. ______________________________

____

Manchmal besteht das Prädikat aus 2 Wörtern:
Du musst dir die Zähne putzen.
Er macht die Tür zu.

Du kannst die Tür schließen.
Du wirst die Beste sein.
Die Tür geht auf.
Sie schneidet das Brot ab.

Unterstreiche die beiden Wörter, die das Prädikat bilden.

Der Besuch im Arbeitsamt

Die Klasse 8 geht ins Arbeitsamt. Sie besucht eine Berufsausstellung. Zuerst bekommen die Schülerinnen und Schüler Fragebögen. Sie beantworten die Fragen. Dann hören die Schüler einen Vortrag zum Thema „Berufschancen“. Zum Schluss arbeiten sie mit einem Computerprogramm. Hier werden Berufe vorgestellt. Die Schüler drucken sich die Informationen aus.

Unterstreiche die Prädikate.
Achtung! Manchmal sind es 2 Wörter.

zur Werkstatt Sprache, S. 168, 169

Satzglieder erkennen: Objekte

> Oft muss etwas in einem Satz genauer erklärt werden.
> Diese **Ergänzungen** heißen **Objekte**.

Meine Mutter macht.
Dieser Satz ist unvollständig. Was macht die Mutter denn?

1. *Meine Mutter macht **ihren Führerschein**.*
2. *Meine Mutter macht dem Großvater **das Essen**.*
3. *Meine Mutter macht **Urlaub**.*
4. *Meine Mutter macht mir **das Frühstück**.*

Ergänze die Fragewörter.

Zu Satz 1:

W______ macht meine Mutter? **ihren Führerschein**

Zu Satz 2:

W______ macht meine Mutter das Essen? **dem Großvater**

W______ macht meine Mutter dem Großvater? **das Essen**

Zu Satz 3:

W______ macht meine Mutter das Frühstück? **mir**

W______ macht meine Mutter mir? **das Frühstück**

Achtung!
In einem Satz können mehrere Objekte sein.

Frage nach dem Objekt.

Im Schwimmbad

Anke leiht mir ihre Sonnenmilch. ______________________________

____

Anke schubst Matthias weg. ______________________________

____

Er hat sich den Fuß verstaucht. ______________________________

____

Der Bademeister ruft den Krankenwagen. ______________________________

____

zur Werkstatt Sprache, S. 169

Subjekt	Prädikat	Objekt	Objekt
wer? oder was?	was macht?	wem?	wen? oder was?
Die Mutter	*packt*	*mir*	*den Koffer*

Kennzeichne im folgenden Text die Satzglieder:
Subjekt: blau Prädikat: rot Objekt (wem?): gelb Objekt (wen? was?): grün

Ferien
Sabine freut sich auf ihre Urlaubsfahrt. Sie besucht ihre Großeltern.
Sabines Großeltern leben in Kenia. Kenia ist ein Land in Afrika.
Sabine wird mit dem Flugzeug reisen. Sie kann vor Aufregung nichts essen.
Sabine gibt ihrer Freundin Elke den Hausschlüssel. Elke soll die Fische füttern.
Dann fährt Sabine zum Flughafen. Das Abenteuer beginnt.

Durch das Umstellen der Satzglieder bekommen die Sätze einen anderen Schwerpunkt:
Die Schule macht mir Spaß.
Mir macht die Schule Spaß.
Macht die Schule mir Spaß?
Spaß macht mir die Schule.

Schreibe den Text „Ferien“ neu, indem du jeden Satz einmal umstellst.

zur Werkstatt Sprache, S. 168, 169

Sätze mit *obwohl*

Das Wort **obwohl** ist ein Bindewort: Es verbindet Teilsätze miteinander. Der Teilsatz mit **obwohl** kann auch am Anfang des Satzes stehen. Die Teilsätze werden durch ein Komma voneinander getrennt.

Verbinde die beiden Sätze mit dem Bindewort **obwohl** zu einem Satz. Denke an das Komma!

Nach der Regenkatastrophe in Texas

Immer noch stehen ganze Stadtteile unter Wasser. Es hat seit zwei Tagen nicht mehr geregnet.

Mehrere tausend Häuser sind noch nicht bewohnbar. Das Wasser sinkt.

In manchen Häusern haben die Bewohner mit Aufräumungsarbeiten begonnen. Sie können immer noch nicht in ihren Häusern wohnen.

Viele Menschen erhalten Lebensmittel und Kleidung. Sie sind trotzdem verzweifelt.

Manche haben alles verloren. Sie sind froh, dass sie noch leben.

zur Werkstatt Sprache, S. 170

> Wenn in einem Text jemand spricht, nennt man das **wörtliche Rede**.
> Die wörtliche Rede steht in Anführungszeichen.
> Die wörtliche Rede kann einen Begleitsatz haben.

Katja und Alexander stehen an der Bushaltestelle.

Plötzlich schreit Alexander: Meine Jacke ist weg.

Katja beruhigt ihn: Vielleicht hast du sie in der Klasse hängen lassen.

Alexander antwortet: Beim Sportunterricht hatte ich sie noch.

Dann lauf' doch zurück zur Schule, vielleicht ist der Sportlehrer noch da , sagt Katja.

Das ist eine gute Idee , meint Alexander und rennt los.

Katja ruft ihm nach: Ich warte hier auf dich.

Unterstreiche die wörtliche Rede grün, den Begleitsatz rot.

Setze die fehlenden Anführungszeichen in den Text ein.

Schreibe den Text mit den Anführungszeichen ab.

Schreibe die Sätze des Gespräches wie die Anleitung zu einem Rollenspiel auf.
Setze auch dabei die Anführungszeichen für die **wörtliche Rede** ein.

Alexander: ______________________________

Katja: ______________________________

Alexander: ______________________________

...

Suche dir einen Partner oder eine Partnerin und spielt die Szene.

● ● ● Umstandsbestimmungen ermitteln: des Ortes (Wo? Wohin?)

Kevin soll für seine kleine Schwester Ostergeschenke verstecken. Er lässt sich viele Verstecke einfallen: Er stellt den großen Osterhasen hinter den Blumentopf. Zwei gelbe Eier legt er auf die Fensterbank. Ein Schokoladenei legt er neben den Kühlschrank. Ein rotes, ein blaues und ein grünes Ei legt er in ein Osterkörbchen. Das Osterkörbchen stellt er vor die Balkontür.
Zwei kleine Häschen stellt er neben den Sessel. Er bringt noch zwei Eier ins Kinderzimmer und legt sie zwischen die Puppenkleider. Eine Tüte mit Zuckereiern legt er zwischen die Sofakissen. Zum Schluss legt er das Osterhasenbuch unter das Bücherregal.

Unterstreiche die Orte, an die Kevin alles gelegt hat.

Seine Mutter fragt: „Wohin hast du die Geschenke gelegt?"
Schreibe Kevins Antworten so auf:

Den großen Osterhasen habe ich hinter den Blumentopf gestellt.

Die Oma fragt Kevins Schwester: „Wo waren die Geschenke?"

Schreibe die Antworten auf.

Der große Osterhase stand hinter dem Blumentopf. Zwei gelbe Eier lagen

Umstandsbestimmungen ermitteln: der Zeit (Wann? Wie oft? Wie lange?)

Nach den Ferien gibt es einen neuen Stundenplan. Die Schüler fragen: „Wie lange haben wir täglich Unterricht?“ Der Lehrer liest vor: „Montags 6 Stunden, also bis halb zwei; dienstags 5 Stunden, also bis viertel vor eins; mittwochs 6 Stunden, donnerstags 6 Stunden, freitags 4 Stunden, also bis 12 Uhr. Außerdem habt ihr zwei Nachmittagsstunden, und zwar dienstags von 14.30 bis 16.00 Uhr. Dann habt ihr Schwimmen im Wellenbad. Am besten schreibt ihr euch jetzt den Plan auf. Dann wisst ihr genau, wann ihr Sport, wie oft ihr Computerunterricht habt und wie lang die Pausen sind.“

Unterstreiche im Text die Zeitangaben!

Beantworte die folgenden Fragen:

Wie oft haben die Schüler 6 Stunden Unterricht?

____

Wann haben sie 6 Stunden Unterricht?

____

Wie lange haben sie freitags Unterricht?

____

Wann haben sie nachmittags Unterricht?

____

Wann haben sie Schwimmen?

____

Wie oft hast du 6 Stunden Unterricht?

____

Wann hast du Sportunterricht?

____

Wann bist du von der Schule wieder zu Hause?

____

Wie lange dauert dein Schulweg?

____

Wie lange brauchst du um Hausaufgaben zu machen?

____

9: Das sind die beiden Tierbeschreibungen:

Der Afrikanische Wildhund ist ein Raubtier. Er lebt in Afrika südlich und östlich der Sahara. Das Fell ist häufig unterschiedlich gefärbt mit schwarzer, gelber und weißer Zeichnung. Er kann ein Gewicht von 23 Kilogramm erreichen. Er hat lange Beine und große Ohren. Hauptsächlich jagt er kleinere Gazellen, kann aber auch größere Tiere erlegen. Das Sozialverhalten der Afrikanischen Wildhunde ist sehr ausgeprägt. Sie leben in Rudeln von sechs bis 50 Tieren. Im Rudel sind die Männchen in der Überzahl. Meist sorgen nur ein Männchen und ein Weibchen innerhalb des Rudels für Nachkommen. Nach einer Tragezeit von 79 oder 80 Tagen bringt das Weibchen sechs bis sechzehn Junge zur Welt. Beide Elterntiere sind an der Aufzucht der Jungtiere beteiligt. Der Afrikanische Wildhund ist das am stärksten gefährdete Raubtier Afrikas. Die Ursache des Rückgangs ist eine extrem unkontrollierte Jagd.

Der Große Tümmler gehört zur Familie der Delphine. Man findet ihn weltweit in den Küstengewässern der Meere in gemäßigten und tropischen Zonen. Er wird über 4 Meter lang und hat einen kräftigen, stromlinienförmigen Körper, eine hohe Rückenflosse und eine kurze Schnauze. Tümmler leben in Gruppen von etwa 15 Tieren. Sie haben ein inniges Verhältnis zueinander. Der Große Tümmler geht zur Paarungszeit sehr liebevoll mit dem Partner um. Nach einer Tragzeit von 12 Monaten wird ein Junges meist mit dem Schwanz zuerst geboren. Es kommt mithilfe von anderen Delphinweibchen zur Welt, die es auch sofort an die Wasseroberfläche geleiten, damit es seinen ersten Atemzug machen kann. Die Jungen werden ungefähr ein Jahr lang mit einer Milch gesäugt, die sehr fettreich ist. So kann das Junge sehr schnell heranwachsen. Etwa alle zwei Jahre wird ein Junges geboren.

12: Es wird schon nicht so schlimm werden: Es wird nichts so heiß gegessen, wie es gekocht wird. – Eine günstige Gelegenheit sollte man schnell nutzen: Man muss das Eisen schmieden, solange es heiß ist. – Sich kurz fassen, ist oft besser als lange reden: In der Kürze liegt die Würze. – Nicht alle Pläne, die ein Mensch sich macht, gelingen: Der Mensch denkt und Gott lenkt. – Ein früher Anfang zahlt sich aus: Morgenstund' hat Gold im Mund. – Feiern kann man nach der Arbeit: Erst die Arbeit, dann das Vergnügen. – Wenn zu viele an der gleichen Sache arbeiten, geht es oft schief: Viele Köche verderben den Brei. – Man sollte in früher Jugend lernen: Was Hänschen nicht lernt, lernt Hans nimmermehr. Früh übt sich, wer ein Meister werden will. – Niemand kann sofort alles können: Es ist noch kein Meister vom Himmel gefallen.

13: Wenn zwei sich streiten, freut sich der Dritte. – Ein blindes Huhn findet auch mal ein Korn.– Frisch gewagt, ist halb gewonnen. – Scherben bringen Glück. – Wer zuerst kommt, mahlt zuerst. – Was ich nicht weiß, macht mich nicht heiß. – Wer zuletzt lacht, lacht am besten. – Je später der Abend, desto schöner die Gäste. – Eigner Herd ist Goldes wert. – Man soll den Tag nicht vor dem Abend loben. – Sich regen, bringt Segen. – Wer nicht hören will, muss fühlen. – Aller Anfang ist schwer.

14: „Sie redet wie ein Buch.“: Sie redet pausenlos. – „Er arbeitet wie ein Pferd“: Er schuftet. – „Die Firma kommt auf keinen grünen Zweig“: Die Firma macht schlechte oder keine Umsätze. – „Ich habe alle Hände voll zu tun“: Ich bin mit Arbeit überhäuft. – „Sie arbeiten auf vollen Touren“: Sie arbeiten mit aller Kraft und auch schnell. – „Er hat auf den Putz gehauen“: Er gibt an oder heizt die Stimmung an und gibt viel Geld aus. – „Er ist mit allen Wassern gewaschen“: Er ist durchtrieben, er durchschaut alle Tricks, er beherrscht alle Tricks. – „Du hast den Nagel auf den Kopf getroffen“: Du hast eine Sache klar erkannt und benannt. – „Vor dem ziehe ich meinen Hut“: Ich bewundere jemanden. – „Damit schlägt man zwei Fliegen mit einer Klappe“: Mit einem Arbeitsschritt zwei Dinge gleichzeitig erledigen. – „Die hat ihm ganz schön die Tour vermasselt“: Sie hat seine Pläne durchkreuzt. – „Du sitzt wohl auf deinen Ohren“: Jemand ist unaufmerksam, hört nicht zu. – „Heute wollen wir mal fünf gerade sein lassen“: Es soll heute mal nicht so genau auf etwas ankommen.

16: Die Wörter jung, schön ... sind **Adjektive**. Weitere Adjektive: lustig, ernst, müde ... Die Wörter (das) Haus, (der) Computer sind **Nomen**. Weitere Nomen: (der) Autobus, (die) Zeitung, (das) Fahrrad ... Die Wörter essen, abholen ... sind **Verben**. Weitere Verben: verändern, laufen, lachen ...
2. Stiftaufgabe: Adjektive: kräftig, laut, anstrengend. Nomen: (das) Gefängnis, (der) Führerschein, (der) Mut. Verben: heulen, zelten, leihen.

17: Der Text enthält folgende **Nomen:** der Abend – die Abende, der Jugendliche – die Jugendlichen, das Zelt – die Zelte, das Feuer – die Feuer, das Auge – die Augen, die Flamme – die Flammen, der Abstieg – die Abstiege, die Klippe – die Klippen, die Angst – die Ängste, die Woche – die Wochen, der Junge – die Jungen, die Uhr – die Uhren, der Schlafsack – die Schlafsäcke, der Schlaf – zu Schlaf kann man keine Mehrzahl bilden, die Tour – die Touren.

Lösungen zu Seite ●●● 47

Verben: sitzen, flackern, sagen, starren, denken, machen, stürzen, verletzen, klappen, kriechen, brauchen.

Adjektive: klein, kleiner, am kleinsten; groß, größer, am größten; ängstlich, ängstlicher, am ängstlichsten; steil, steiler, am steilsten; schwer, schwerer, am schwersten, anstrengend, anstrengender, am anstrengendsten.

20: Runder Himmelskörper: **Vollmond;** Wohnort mit vielen Menschen: **Großstadt;** weißes fettarmes Getränk: **Magermilch;** gefährlicher Fluss: **Wildwasser;** Personentransporter mit wenig Plätzen: **Kleinbus.**

21: Das sind die richtigen Endungen für die Nomen im Liebesbrief: Liebling; Bekenntnis; Freundschaft; Erlebnis; Reichtum; Verhängnis; Hindernis; Kenntnis.

22: Stiftaufgabe unten: Die Kinder sitzen ... und **w**einen. Der Film ist zum **W**einen. Sie schluchzen beim **W**einen ... „Warum müsst ihr denn **w**einen?" Hardy hat dicke Augen vom **W**einen. „Wir **w**einen, weil der Film ..."

23: „Zieht euch etwas **B**equemes an!" Nun sucht Stefanie ... das **B**equemste, was sie hat. ... „Dort ist es **b**equem."
etwas **U**nglaubliches; es ist **u**nglaublich. Es ist das **U**nglaublichste.
Alle Mädchen schwärmen für Rolf. Er ist der **S**chönste ... Gestern ist Jana etwas **P**einliches passiert. Sie konnte neben Rolf **s**tehen, er war zum **G**reifen nahe. Jana fand es richtig **a**ufregend; sie wollte etwas **L**ustiges **m**achen. Da kam Bodo vorbei, der **D**icke. Ihn **ä**rgern viele Schüler. ... Vor Schreck ließ Bodo das Tablett **f**allen. Jana musste **l**achen, doch das **L**achen blieb ihr im Hals stecken. ... Rolf sagte **w**ütend: „Das war das **G**emeinste ..."

24: der Computer: Nominativ. – das Zeugnis: Akkusativ. – des Ritters Rüstung: Genitiv. – der Torwart: Nominativ. – Die Polizei: Akkusativ. – dem Blinden: Dativ.

25: Oberbegriff **bewegen:** rennen, zappeln, kriechen, gehen, stampfen, schleichen, springen, tanzen. – **reinigen:** putzen, säubern, waschen, kehren, spülen, wischen, fegen. – **dick:** kräftig, mollig, feist, rund, fett. – **nett:** freundlich, höflich, lieb, hilfsbereit.

26: Haus am Fluss: **F.** – Ich will ... fit sein: **D.** – Die Welt sehen: **G.** – Einen netten Mann: **C.** – 5000 Euro: **A.** – Die Frau fürs Leben: **C.** – 6 Richtige: **A.** – Eine gute Stelle: **B.** – Ich will gesund sein: **D.** – Ich will in Frieden leben: **E.** – Geld: **A.** – Eine Familie: **C.** – Eine feste Stelle: **B.**

27: Suppen: Tomatensuppe, Frühlingssuppe, Kraftbrühe.
Hauptgerichte: Toast Hawaii, Wiener Schnitzel, Kartoffelknödel mit Pilzsauce, Pizza Margarita, Döner Kebab, Hühnerragout mit Reis, Spaghetti Bolognese, Kabeljaufilet mit Petersilienkartoffeln, Gemüseauflauf, herzhafte Pfannkuchen, Lasagne.
Nachspeisen: Schokopudding, Obstsalat, Ananasquark, Vanilleeis mit heißen Kirschen.
Getränke: Erdbeershake, Bananenmilch, Eiskaffee.

28: Simone und Chiara **schauten** gerade einen Film im Fernsehen, als Benno plötzlich leise **winselte**. Dann **raste** er zur Tür und **bellte** lauter. Doch plötzlich **legte** er **sich** wieder bequem hin. Nun **öffnete** Simone doch vorsichtig die Tür. „Es war nur der Briefträger!", **sagte** sie lachend und **zeigte** ... einen Brief.

31: Im Präsens lautet das Gedicht „Der Baum" so:

Da ist ein Baum,
der liebt die Sonne,
er wächst ihr entgegen,
man schneidet ihm die Krone.
Da ist ein Baum,
der liebt den Wind –
man schneidet ihm die Zweige,
weil Bäume schmal sind.
Da ist ein Baum,
der liebt den Fluss –
man schneidet ihm die Äste
weil ein Baum gerade sein muss.
Da ist ein Baum,
der langsam versteht,
dass er nur schön ist,
wenn man das so findet.
Dann wächst der Baum,
schön, wie man meint,
doch niemand merkt,
dass er heimlich weint.

32: Mit geänderten Fürwörtern und im Präteritum lautet das Gedicht so:

In unserem Haus,
da wohnten wir,
da schliefen wir,
da aßen wir.
Und wenn ihr wolltet,
dann öffneten wir
die Tür
und ließen euch ein.

In unserem Haus,
da lachten wir,
da weinten wir,
da träumten wir.
Und wenn wir wollten,
dann schlossen wir
die Tür
und waren allein.

36: Text 1: Seit drei Monaten und fünf Tagen lebte Maria ... ersten Stock eines alten Hauses. Wenn sie durch die Straßen ging, suchte sie den Himmel über den Häusern. Manchmal musste sie dabei den Kopf weit zurücklegen. Der Boden unter ihren Füßen war anders als zu Hause. Die Leute redeten anders. Es roch anders. Alles war ihr fremd.
Text 2: Sabah lebt mit ihren Eltern in der Wüste. Im Sommer ist es sehr heiß. Da wohnt die Familie in einem großen Zelt. Der Boden ist mit Teppichen und vielen Kissen bedeckt. Damit das Zelt kühl bleibt, werden die Seiten hochgeklappt. So kann der Wind durchwehen. Im Winter zieht die Familie ...
Text 3: In den Sommerferien werden wir umziehen. Mein Vater wird seine neue Arbeit anfangen. Mein kleiner Bruder wird in den Kindergarten kommen. Meine Schwester und ich werden auf neue Schulen gehen. Dann wird sie sich auch um eine neue Arbeitsstelle als Raumpflegerin bemühen. Vielleicht werde ich in den Herbstferien meine alten Freundinnen besuchen. Ich werde sie auf jeden Fall sehr vermissen.

37: Kathrin kommt zu spät zur Schule, weil sie den Bus verpasst hat. Weil Viktors Eltern heute Abend eingeladen sind, muss er auf seine kleinen Geschwister aufpassen. Christian braucht Geld, weil er sich einen City-Roller kaufen will. Weil sein Taschengeld nicht reicht, trägt er Zeitungen und Prospekte aus. Dirk hat sich in Jessica verliebt, weil sie so schöne Augen hat. Jessica interessiert sich nicht für Dirk, weil sie mit Benjamin befreundet ist. Weil Andreas gestern lange ferngesehen hat, ist er heute müde. Martin hat sich verletzt, weil er beim Basketball mit einem andern Spieler zusammengestoßen ist.

40: Fragewörter ergänzen: Satz 1: **Was**; Satz 2: **Wem; Was**; Satz 4: **Wem; Was**. Die Objekte heißen: ihre Sonnenmilch; Matthias; den Fuß; den Krankenwagen.

42: Immer noch stehen ... unter Wasser, obwohl es seit zwei Tagen nicht mehr geregnet hat. Mehrere ... nicht bewohnbar, obwohl das Wasser sinkt. Obwohl in manchen Häusern die Bewohner mit Aufräumungsarbeiten begonnen haben, können sie immer noch nicht in ihren Häusern wohnen. Obwohl viele Menschen Lebensmittel und Kleidung erhalten, sind sie verzweifelt (dann muss das Wort „trotzdem" entfallen). Obwohl manche alles verloren haben, sind sie froh, das sie noch leben.

43: Plötzlich schreit Alexander: „Meine Jacke ist weg!" Katje beruhigt ihn: „Vielleicht hast du sie in der Klasse hängen lassen." Alexander antwortet: „Beim Sportunterricht hatte ich sie noch." „Dann lauf' doch zurück zur Schule, vielleicht ist der Sportlehrer noch da", sagt Katja. „Das ist eine gute Idee", meint Alexander und rennt los. Katja ruft ihm nach: „Ich warte hier auf dich."

44: Kevins Schwester antwortet so:
Zwei gelbe Eier lagen auf der Fensterbank. Ein Schokoladenei lag neben dem Kühlschrank. Ein rotes, ein blaues und ein grünes Ei lagen in einem Osterkörbchen. Das Osterkörbchen stand vor der Balkontür. Zwei kleine Häschen standen neben dem Sessel. Zwei Eier lagen noch im Kinderzimmer zwischen den Puppenkleidern. Eine Tüte mit Zuckereiern lag zwischen den Sofakissen. Das Osterhasenbuch lag unter dem Bücherregal.